AF482829

# LA
# DAME DU LAC,

## OU

# L'INCONNU,

Pantomime en trois actes, à grand spectacle;

Par M. FRANCONI jeune;

Musique par M. ALEXANDRE; Divertissemens de M. JAQUINET;

Costumes et Décors de M. ISIDORE;

*Représentée, pour la premiere fois, à Paris, au Cirque Olympique, le 11 décembre 1813.*

## PARIS,

BARBA, Libraire, Palais-Royal, derriere le Théâtre Français, n°. 51.

DE L'IMPRIMERIE DE HOCQUET.

1813.

| PERSONNAGES. | ACTEURS. |
|---|---|

SUOWDOUN, chevalier inconnu. M. *Franconi jeune.*

RODERIC LE NOIR , prince Ecossais. M. *Franconi aîné.*

Le Comte DOUGLAS , exilé de la cour. M. *Bunel.*

MURDOCH, ) écuyers de ( M. *Bassin.*
MALISE, ) Roderic. ( M. *Lagoutte.*

ALAN, vieux Ménestrel , attaché à Douglas. M. *Baudot.*

BRIAN , vieux Druide , prédisant l'avenir. M. *Vissot.*

HÉLÈNE, fille de Douglas , Dame du Lac. Mad. *Franconi jeune.*

BLANCHE , femme dont l'esprit est aliéné par le malheur. Mlle. *Julie Parizet.*

LEWIS officier de la garde royale. M. *Lahaye.*

Un autre Officier. M. *Gougis.*

BERTRAM , vieux soldat. M. *Ahu père.*

Grands d'Ecosse.

Gardes.

Montagnards.

Chasseurs à pied et à cheval.

*La scène se passe en Ecosse, vers l'an 1550.*

# INTRODUCTION.

Douglas , comte d'Angus , exilé de la cour d'Ecosse , s'est réfugié dans les domaines de Sir Roderic le Noir, chef de Montagnards Ecossais.

Hélène sa fille , et son fidèle Alan , vieux Ménestrel , l'ont suivi dans son exil.

Tous trois habitent un vieux château que Sir Roderic leur a donné pour asile , situé sur les bords du Lac de Teith.

# LA DAME DU LAC,

## OU

# L'INCONNU,

Pantomime en trois actes, à grand spectacle.

---

## ACTE PREMIER.

*Le théâtre représente un lieu sauvage.*
*Le lac de Teitk occupe une partie du fond.*
*au-delà, des collines couvertes d'arbres.*
*A la droite, au bord du lac, un rocher*
*très-élevé.*
*A la gauche un vieux château.*
*Un banc de pierre vis à vis.*

---

## SCÈNE PREMIÈRE.

Douglas ayant accompagné sir Rodedic à la
chasse, n'est point encore de retour. Le fidèle
Alan inquiet de sa longue absence, s'est placé
sur un rocher dominant le lac, dans l'espoir
de découvrir son maître ; là, il adresse au ciel
sa prière, et le conjure de veiller sur les jours
du père d'Hélena

( 4 )

## SCENE II.

Hélène attirée par les accens plaintifs du vieux Ménestrel et tourmentée elle même par l'inquiétude, sort du château.

Elle aperçoit Alan sur le rocher, elle lui demande s'il a découvert quelque chose, Alan lui fait signe que non.

Elle l'invite à descendre, le vieillard y consent sa marche est chancelante.

Hélène court à lui, le soutient et le conduit au banc de pierre. Alan lui témoigne sa reconnaissance pour les soins qu'elle daigne lui prodiguer.

## SCENE III.

Un bruit de cor se fait entendre de l'autre côté du lac.

Hélène satisfaite croit qu'il annouce le retour de son père; elle monte sur le rocher.

Le vieil Alan se lève et s'approche du lac.

Le cor raisonne de nouveau, mais dans le lointain. Hélène et Alan restent consternés.

Hélène descend du rocher, s'approche d'Alan et lui dit :

» Permets-moi, cher Alan, de prendre notre » esquife, et d'aller au-devant de mon père, »

( Le ciel s'obscurcit. )

Alan voit avec peine sa résolution, et lui observe que le ciel se couvre de nuages et qu'il y aurait du danger à s'embarquer.

Mais Hélène insiste, le bon Alan n'a pas assez de force pour la refuser et consent à son départ, il lui recommande la plus grande prudence, Hélène monte sur la nacelle et disparait.

## SCENE IV.

Resté seul , Alan prie le ciel de veiller sur Aélène.

( D'épais nuages s'amoncèlent ),

A la vue de l'orage qui s'approche, le vieillard est fâché d'avoir consenti à l'éloignement d'Hélène.

( L'éclair brille ).

L'inquiétude d'Alan augmente ; il oublie le poids des ans qui l'accablent, prend un bâton et va parcourir les rives du lac pour donner , s'il est nécessaire, du secours à sa jeune maîtresse

## SCENE V.

La foudre éclate de tous côtés. Le son du cors de chasse se mêle au bruit du tonnerre. Les eaux du lac s'élèvent avec violence.

Grand nombre de chasseurs paraissent de l'autre côté , emportés par leurs chevaux effrayés.

Un cerf accourt, suivi par une meute de chiens. Un seul chasseur à cheval le poursuit de près.

Le cerf. pour leur échapper, s'élance dans le lac qu'il traverse à la nage. Les chiens s'acharnent après lui. Le chasseur intrépide le suit au milieu des eaux.

Le cerf, après avoir franchi le lac, s'enfonce dans la forêt, toujours poursuivi par les chiens.

( L'orage diminue ).

Le chasseur ne quitte point la piste ; mais son coursier harassé ne marche plus qu'avec peine ; envain le cavalier le presse de la voix et de l'éperon ; ses forces sont épuisées, il tombe expirant sous son maître.

Le reste des chasseurs fuit et cherche à regagner leur route.

( L'orage a cessé ).

## SCENE VI.

Le chevalier se désole de la perte de son cheval. Il examine les lieux où il se trouve : ils lui sont inconnus.

Il sonne du cor pour se faire entendre de ses compagnons : personne ne lui répond.

En cherchant de nouveau à reconnaître les lieux, il aperçoit le vieux château; ne doutant pas d'y trouver un asyle, il se rassure; mais il hésite avant de frapper à la porte.

## SCENE VII.

Cependant Hélène, attirée par le son du cor du chevalier, paraît dans son esquife.

Le chevalier entendant du bruit sur le lac, s'approche doucement; qu'elle est sa surprise en apercevant une femme d'une figure enchanteresse! il se retire à l'écart.

Hélène débarque et court au château; mais bientôt elle en sort, désolée de n'y avoir trouvé personne.

Le chevalier s'approche. En voyant un étranger, Hélène recule effrayée.

Le chevalier la rassure; il lui dit qu'il s'est égaré en chassant, et qu'il ne peut retrouver sa route; il espère qu'elle voudra bien lui accorder l'hospitalité.

HELENE.

Chevalier, nos asyles rustiques sont toujours ouverts aux voyageurs égarés..... Le son de votre cor a frappé mon oreille... j'ai cru qu'il m'annonçait le retour de mon père.

Le chevalier la remercie de son offre obligeante.

## SCENE VIII.

Alan survient ; ses traits sont altérés par la fatigue : à peine peut-il se traîner ; mais en apercevant Hélène il semble se ranimer, il court à elle avec empressement, et lui exprime toute l'inquiétude qu'il a éprouvée pendant son absence.

Hélène lui montre le chevalier. Etonnement d'Alan. Hélène lui explique comment cet étranger est arrivé dans ces lieux, et lui communique l'offre qu'elle lui a faite.

ALAN, *à l'étranger.*

Chevalier, l'hospitalité offerte par la fille de mon maître pourrait te devenir funeste... ton séjour ici te perdrait peut-être dans l'esprit de ton roi... Fuis ces lieux... et ne cherches pas à en pénétrer la cause.

LE CHÉVALIER.

Bon vieillard, je respecte ton secret... je vais m'éloigner à l'instant même.. ( *à Hélène.* ) Quant à vous, belle etrangère, croyez que le souvenir de la dame du lac sera toujours présent à la pensée du chevalier Suowdoun.

Le vieux menestrel fait monter le chevalier dans la barque, et le conduit lui-même de l'autre côté du lac.

En voyant le chevalier s'éloigner, Hélène semble éprouver un sentiment étranger à son cœur.

Elle est tirée de sa rêverie par le son des instrumens champêtres ; ce sont les montagnards des environs qui viennent fêter les habitans du lac de Teilk.

Le bon Menestrel revient.

On voit le chevalier traverser dans le fond.

## SCENE X.

Les montaguards se disposent à danser, lorsqu'un grand bruit d'armes retentit sur les collines.

Tout le monde regarde, et l'on voit Douglas qui se défend avec intrépidité contre une foule de guerriers dont il est assailli; il est prêt à succomber sous le nombre, lorsqu'un chevalier paraît, l'épée haute, la visiere basse; il disperse les assaillans et relève Douglas, qui lui présente la main en signe de reconnaissance.

A la vue du danger de Douglas, Alan et les montaguards se sont précipités dans les barques pour lui porter du secours; mais ils n'arrivent que lorsque Douglas a été sauvé. Ils le ramènent ainsi que son brave libérateur.

Hélène qui pendant cette scène a éprouvé toutes les angoisses de la crainte, court au-devant de son père; Douglas la serre tendrement contre son cœur.

#### HÉLÈNE.

Pourquoi, mon père, pousser la chasse si loin de notre habitation ?

#### DOUGLAS

La chasse, ma fille, est une image de la guerre.... je m'y livre avec plaisir.... c'est ma seule distraction dans l'exil et dans l'infortune où je languis.

Il lui présente le brave chevalier auquel il doit la vie. Hélène l'examine avec une attention marquée. L'étranger a toujours la visière basse.

Douglas prie son libérateur de se faire connaître. Le chevalier lui demande la permission de rester inconnu.

Les montagnards demandent à Douglas la permission d'exécuter quelques danses pour célébrer son heureuse délivrance et la bravoure de l'étranger. Douglas y consent.

*Divertissement.*

## SCENE XI.

Bientôt on entend des sons bruyans de trompettes ; le lac se couvre de chaloupes richement décorées et montées par une foule de chasseurs et de guerriers.

Parmi eux l'on distingue sir Roderic le Noir. Il débarque, salue Douglas, et rend ses hommages à Hélène.

DOUGLAS, *prenant la main de l'étranger.*

Sir Roderic, je vous présente mon libérateur. Je m'étais égaré en chassant.... sans lui je tombais au pouvoir du roi Jacques.... Il veut rester inconnu, je respecte sa volonté.

RODERIC, *regardant fièrement l'étranger.*

Je n'ai qu'un regret, Douglas, c'est de ne m'être pas trouvé là pour faire mordre la poussière aux satellites du roi Jacques.

Indignation de l'étranger.

Cependant Hélène, emportée par un sentiment qu'elle ne peut définir, s'approche du chevalier et cherche à le connaître. Celui-ci profite du moment où Roderic et Douglas conversent ensemble, il lève sa visière, qu'il rebaisse aussitôt ; mais Hélène a reconnu le chevalier Snowdoun.

Cette action n'a point échappé au fier Roderic, qui en pâlit de rage et de jalousie.

## SCENE XII.

Malise, écuyer de Roderic, arrive et lui remet une lettre. Celui-ci après l'avoir parcourue, reste un moment immobile; mais bientôt levant sa tête altière :

## RODERIC

Brave Douglas, le roi Jacques sait que tu es réfugié dans mes domaines; tu as été reconnu par ses émissaires... Il fait avancer des troupes pour t'arracher de mes états.

En même temps il lui remet la lettre qu'il a reçue.

Con-ternation générale.

## DOUGLAS.

Noble Roderic, laisse-moi fuir ces lieux... Seul, je dois supporter la haine de mon roi.... Un jour peut-être me rendra-t-il justice... et son ancienne amitié!

Douglas presse sa fille contre son cœur, appelle son fidèle Alan, prend la main de son libérateur en signe de reconnaissance, et se dispose à partir, lorsque Roderic l'arrête en s'écriant :

Non, jamais vous ne quitterez cet asyle sacré... j'en jure par le ciel et par mon epée!... Brave Douglas, donne-moi ta fille pour épouse... Cette alliance réunira nos bannières, et Jacques à son tour tremblera devant toi.

A ces mots, Helene se jette aux genoux de son père, et le conjure de ne pas consentir à un hymen qui ferait le malheur de sa vie.

Roderic, malgré la répugnance qu'elle témoigne, presse de nouveau Douglas et repousse même avec dureté Hélène, qui le supplie de renoncer à cette alliance.

Alors l'étranger, indigné de la violence de Roderic, se place entre Hélène et lui et l'arrête.

Roderic furieux le menace; l'autre lui répond par un geste de mépris.

Roderic ne se possédant plus, tire son épée; le chevalier met la main sur la sienne.

Douglas se jette entr'eux, et fait sentir à Rode-

ric qu'il doit en sa présence respecter son libérateur.

RODERIC, *se contenant avec peine.*

Chevalier, je t'accorde jusqu'à demain pour quitter ces
lieux... Tu diras à Jacques Stuart, ton roi, que Roderic
est determiné à repousser la force par la force.

LE CHEVALIER

Je pars à l'heure même... sir Roderic; un temps viendra
où nous pourrons peut-être, seul à seul, terminer notre
différent.

Le Chevalier jette un dernier regard sur Hélène et son père, et fixe Roderic avec mépris.

Pendant qu'il remonte la scène, Douglas et sa
fille s'approchent de Roderic, et lui font leurs
adieux; ce dernier veut encore insister, mais Douglas le refuse.

Au moment où ils vont sortir, l'étranger auquel
on présente une barque, la refuse et s'élance dans
le lac, qu'il traverse à la nage.

( *Tableau.* )

*Fin du premier acte.*

# ACTE II.

*Le théâtre représente l'intérieur d'une gotte.*
*A la droite répond la partie qu'occupe Brian.*
*Dans le fond, la forêt*

## SCENE PREMIERE.

Roderic entre à la tête de ses principaux chefs, et ordonne que ses vassaux se préparent aux combats.

Tous jurent à leur chef dévouement et fidélité, et sortent pour exécuter ses ordres.

## SCENE II.

Resté seul, Roderic pense au refus de Douglas et au mépris d'Hélène; et jure de se venger.

Tout-à-coup, il se rappelle qu'il est prêt de la grotte habitée par Briam, dont la science perce l'aveuir et prédit les événemens.

Il s'approche de la grotte, et frappe avec son épée le bouclier d'airain qui est suspendu à l'entrée.

## SCENE III.

Aussitôt paraît le farouche Briaum, revêtu d'un froc sombre et grossier, une longue barbe grise et hérissée tombe de sa figure hâve.

Voilà l'homme sur lequel Roderic compte pour soumettre ses vassaux à sa volonté.

RODERIC.

Briaum je suis insulté.... J'ai résolu de me venger.. consulte les dieux, et vois s'ils me seront favorables.

L'hypocrite Druïde se dispose d'un air sinistre à obéir à Roderic.

Il saisit une lourde masse d'armes, et en frappe trois fois le bouclier d'airain. Des sons lugubres se propagent au loin, à ce signal redoutable les montagnards accourent de tous côtés.

## SCENE IV.

Briaum ordonne que l'on dresse un bucher.

Pendant qu'on en fait les apprêts, il se recueille à part.

Les montagnards l'examinent avec une terreur silencieuse.

Briaum entre dans sa grotte et en sort presqu'aussitôt, tenant d'une main une croix et de l'autre une torche allumée.

Il se fait apporter une chêvre. A sa vue, le bouillant Roderic impatient de voir le sacrifice consommé, tire son épée et immole la chêvre.

Briaum après avoir consulté les entrailles palpitantes de la victime, met le feu au bûcher, et s'élance dans sa grotte.

Les montagnards sont consternés; Roderic lui-même est étonné.

Bientôt Briaum reparait pâle et défait, et prononce à haute voix ces mots prophétiques :

La victoire est au parti qui le premier fera couler le sang de son ennemi.

Aussitôt Roderic interprétant l'oracle en sa faveur, tire son épée et jure de l'accomplir.

A la vue de la redoutable épée de Roderic , les montagnards ne doutent plus de la victoire ; ils joignent tous leurs glaives à celui de Roderic.

Pendant ce tems, Briaum a pris dans sa grotte une croix enflammée qu'il remet à Roderic , en disant. :

Parcours les tribus... Anathème à ceux qui ne suivront pas ce signe sacré.

Roderic la donne à son écuyer Malise, pour exécuter les ordres de Briaum.

Malise part au grand galop.

Roderic , ses chefs et les montagnards remercient Briaum, et suivent la croix redoutable.

Braum rentre triomphant dans sa grotte.

## CHANGEMENT.

*Le théâtre représente une forêt couverte, à droite l'entrée d'une sombre caverne , sur le devant, à gauche, un monticule sur lequel est une petite croix.*

## SCENE V.

Blanche, dont l'esprit est aliéné par la douleur de la perte de son époux , mort sous les coups du farouche Roderic , n'a jamais voulu abandonner les lieux où elle a déposé sa cendre.

Cette grotte est son seul asile ; elle en sort la tête penchée sur la poitrine, et marche lentement jusqu'à la tombe de son époux, et l'arrose de ses larmes.

## SCENE VI.

Le bruit d'un cheval se fait entendre. Blanche se relève avec précipitation : ses yeux sont égarés, elle parcourt la scène dans une espèce de délire,

Malise, écuyer de Rodric, traverse au grand galop, portant la croix de feu.

Ce signe de guerre rappelle à Blanche la cause de la mort de son epoux ; elle maudit ce signe funeste et tombe accablée au pied du tombeau.

## SCENE VII.

Douglas parait dans le fond, soutenant sa fille, et suivi de son fidèle ménestrel ; leur marche lente indique la fatigue dont ils sont accablés.

Bientôt Alan, dont les forces sont eteintes par l'àge, malgré tous ses efforts, tombe sur la terre.

Hélène court à lui et aidé de son père, le reléve et le fait asseoir.

Hélène désolée, cherche partout de l'eau pour rafrichir la poitrine desséchée du vieill rd. Elle aperçoit Blanche et recule de surprise, en voyant une femme dont les vêtemens sont en lambeaux,

Au bruit que fait Hélène, Blanche lève la tête et veut fuir ; mais Hélene l'arrète.

**BLANCHE.**

Que me veux-tu? Quel est le monstre qui a pu te réduire à venir habiter ce séjour des morts?

Hélène lui montre son père et le vieillard défaillant; à la vue de ces étrangers, qui ne lui font que des démonstrations amicales.

Blanche soupire et semble revenir à la raison.

Elle entre dans sa grotte, apporte dans un vase de l'eau qu'elle fait boire au vieil Alan. Elle prend plaisir à voir ses forces renaitre.

Douglas et sa fille la contemplent avec étonnement.

Blanche les fait approcher de la petite croix : ses yeux reprennent un air égaré. Elle dit :

Regardez cette terre encore rougie du sang de mon
époux... il demande vengeance. ( *avec un délire de rage* )
Perfide Roderic, c'est là que ton glaive a tranché les jours
du plus brave des guerriers et du plus heureux des hommes.

Douglas et sa fille témoignent leur surprise et
leur indignation. Cependant ils parviennent à
calmer l'infortunée Blanche, qui les remercie de
l'intérêt qu'ils lui prodiguent.

## SCENE VIII.

Un bruit d'armes arrive jusqu'à eux. Tous fré-
missent ; Blanche court examiner ce que ce peut
être, et bientôt revient effrayée, prend les étrangers par la main et les force à la suivre dans sa
grotte.

## SCENE IX.

Roderic paraît suivi des siens ; il leur enjoint
de veiller avec la plus grande attention sur cette
partie de l'île, qui sert de limites à ses domaines.
Les troupes défilent et vont prendre position ;
en même tems Roderic fait appeler son écuyer
Murdock, celui-ci arrive

RODERIC.

Eh bien, Murdock, as-tu découvert la retraite de Douglas et de sa fille ?

MURDOCK.

Non, seigneur.

RODERIC.

Je sais que le chevalier qui a osé me braver, cherche les
moyens de s'introduire sur cette rive... Murdock, si jamais
il y pénètre, que de ta main il reçoive la mort, et accom-
plisse l'oracle de Briaum.

Roderic sort ; Murdock va se mettre en em-
buscade.

## SCENE X.

Douglas, suivi d'Alan, sort de la grotte avec précaution, et profite du moment où sa fille prend quelque repos, pour s'entretenir avec ce bon serviteur.

Après s'être assuré si personne ne peut l'entendre, il dit après un moment de réflexion :

Je sais que Roderic a convoqué toutes ses tribus pour faire la guerre à son roi ; cette action augmente ma haine pour lui. Je vais me livrer moi-même au pouvoir du roi Jacques. Non, il ne sera pas dit qu'un seul homme ait exposé sa vie pour moi. *(il remet une lettre à Alan)* Cet écrit renferme mes dernières volontés ; il indiquera à ma fille ce qu'elle doit faire pendant mon absence... Brave et fidèle Alan, je confie à tes soins ce que j'ai de plus cher au monde.

Adieux de Douglas ; regrets d'un père qui quitte peut-être pour toujours son enfant chéri.

Alan reste anéanti... ses larmes coulent avec abondance.

## SCENE XI.

Hélène arrive. En voyant Alan seul, un pressentiment funeste la saisit ; elle interroge Alan ; celui-ci, au lieu de répondre, lui remet la lettre de Douglas ; elle la prend d'une main tremblante. Elle y voit les ordres et la résolution de son père, et reste accablée. Alan cherche à la consoler.

HÉLÈNE.

C'en est donc fait.... il est parti !.... O mon Dieu ! veille sur les jours de mon père, et daigne protéger son entreprise.

Alan parvient à faire renaître l'espoir dans son cœur.

## SCENE XII.

Le chevalier Suowdoun paraît ; il est précédé

du perfide Murdock, qui lui sert de guide pour mieux le frapper.

O bonheur! il aperçoit Hélène, pour laquelle il a bravé la mort en traversant les postes ennemis. Il se jette à ses pieds. Étonnement d'Hélène. Murdock en la voyant, exprime sa rage : il est obligé de suspendre ses coups.

## SCÈNE XIII.

Attirée par le bruit, Blanche a paru sur le rocher ; elle a vu les gestes menaçans de Murdock, et malgré la perte de sa raison, forme le projet d'épier les démarches du traître qui s'éloigne. Blanche descend du rocher, et le suit sans en être vue.

## SCÈNE XIV.

La présence du chevalier Suowdoun a ranimé le courage d'Hélène. Déjà leurs deux cœurs s'entendent.

Hélène effrayée des dangers auxquels il s'expose pour elle, lui dit avec sentiment :

Brave chevalier, si la malheureuse Hélène a quelque empire sur vous, fuyez des lieux où vos jours sont en danger.

LE CHEVALIER, *après avoir un moment réfléchi.*

Excusez ma hardiesse, madame... mais avant de vous quitter, daignez accepter cet anneau... J'eus le bonheur, il y a quelque temps de sauver la vie au roi d'Écosse ; le monarque reconnaissant me l'a donné, en disant : *quelque chose que vous ayez à me demander, vous l'obtiendrez en me le rapportant.* C'est à vous, aimable Hélène, qu'il est nécessaire. .Rendez-vous sans crainte auprès du roi..... Munie de ce gage, vous serez respectée par ses fidèles serviteurs, et tous les chemins vous seront ouverts jusqu'à lui.

Hélène veut répondre ; mais l'expression manque à sa reconnaissance. Le chevalier, avec la permission d'Alan, lui passe l'anneau au doigt, et lui baise respectueusement la main.

## SCENE XV.

En ce moment Blanche arrive. Hélène court à elle, la presse sur son cœur, et lui dit :

Pauvre Blanche, reçois les adieux d'Hélène, et crois qu'elle ne t'oublieras jamais...

*( A part. )* Veille, s'il est possible, sur les jours de ce chevalier.

Blanche le lui promet, et s'afflige du départ d'Hélène ; celle-ci l'engage à l'accompagner ; mais Blanche refuse, elle a juré de mourir auprès du tombeau de son époux.

Tendres adieux du chevalier et d'Hélène, qui part suivie du fidèle Alan. Blanche les conduit.

## SCENE XVI.

Le chevalier s'abandonne à la joie ; il voit qu'il est aimé d'Hélène.

## SCENE XVII.

Murdock revient ; appercevant le chevalier seul, il juge le moment favorable pour frapper.

## SCENE XVIII.

Blanche rentre au moment où il lève le poignard ; il n'a que le temps de le cacher. Furieux de ce contre-temps, il veut chasser Blanche avec violence. Le chevalier le menace et lui défend de la maltraiter. Murdock se retient avec peine.

Blanche s'approche de Snowdoun, et lui fait un signe ; Murdock l'aperçoit et presse le chevalier de partir. Blanche insiste pour lui parler. Suowdoun ordonne à Murdock de se retirer à l'écart. Blanche lui dit à voix basse :

Défie-toi de ton guide, c'est un scélérat qui en veut à tes jours.

Blanche ne l'a point trompé ; à l'instant où le chevalier se retourne, le traître Murdock lui décoche une flèche qui ne fait qu'effleurer son casque, et va percer la malheureuse Blanche, qui tombe expirante.

Murdock prend la fuite, le chevalier le poursuit.

Blanche se traîne au tombeau de son époux, et embrasse la croix.

Murdock reparaît pressé par le chevalier, qui bientôt l'étend mort à ses pieds.

Suowdoun court ensuite au secours de Blanche, et lui prodigue tous ses soins.

BLANCHE, *d'une voix éteinte*

C'est en vain que tu cherches à me rappeler à la vie.... l'heure de ma mort a sonné... tous mes maux vont finir... Généreux chevalier, par l'honneur et la gloire si chers aux chevaliers, fais-moi le serment que si jamais tu re contres un guerrier déloyal et féroce, un barbare qui a massacré mon époux sans défense, sir Roderic enfin, tu vengeras sur lui la mort de l'infortunée Blanche.

Le chevalier le jure. Blanche rassemblant un reste de forces, prend la main de Suowdoun, la porte à ses lèvres, et dit :

Je te rends grâce, noble chevalier...je meurs satisfaite... Grand Dieu ! veillez sur lui, et préservez-le des dangers qui l'environnent.

Elle retombe et expire.

*Fin du second Acte.*

# ACTE III.

*Le théâtre représente une forét couverte; à gauche, une tente: c'est celle de Roderic. En avant, un feu allumé: ça et la plusieurs autres feux. Le fond est occupé par un lac.*

## SCÈNE PREMIÈRE.

*( Il fait nuit. )*

Des soldats sont couchés sur la terre, et dorment autour des feux. Une sentinelle se promène au bord du lac.

## SCÈNE II.

Sir Roderic parait. Ses troupes veulent prendre les armes, il les empêche et fait approcher ses principaux officiers pour leur communiquer ses intentions.

Tout-à-coup on entend sonner au loin la retraite de l'ennemi, campé de l'autre côte du lac.

Cette retraite donne de l'inquiétude à Roderic: pour éviter toutes surprises pendant la nuit, il fait éteindre les feux, et ordonne que les postes avancés soient doubles. Les officiers se mettent à la tête des troupes pour exécuter ses ordres.

## SCENE III.

Tout le monde sort Le plus profond silence
règne par-tout. Roderic rentre dans sa tente.

On apperçoit le chevalier Suowdoun qui descend la colline avec précaution. Il s'est perdu
dans la forêt et tâche de ne pas tomber dans les
avant-postes ennemis. Le silence qui règne, lui
donne de la confiance : mais quelle est sa surprise
en appercevant un feu qui brûle encore. Il s'approche et voit un guerrier. Il veut retourner sur
ses pas ; mais un branche d'arbre accroche son casque et le fait tomber. Au bruit qu'il fait, Roderic
sort précipitamment de sa tente, l'épée à la main,
et voyant un guerrier qui veut fuir, il s'écrie :

Qui que tu sois , arrête ou tu es mort.

Snowdoun se met en défense. Roderic reconnaissant à l'armure que ce n'est point un monta-
guard, lui dit :

Quels sont tes projets ? que viens-tu chercher ici ?

LE CHEVALIER.

Du pain , du repos , un guide.

RODERIC.

Es-tu l'ami de Roderic.

LE CHEVALIER.

Non.

RODERIC, *va pour le frapper.*

Imprudent ! ( *il s'arrête par reflection.* ) j'aime ta fran-
chise, tu es un ennemi loyal.

LE CHEVALIER.

Eh bien, laisse-moi réchauffer à ton feu , mes membres
glacés.

Roderic fait approcher le chevalier du feu et
lui présente quelques alimens, en l'observant avec

attention. Mais quelle est leur surprise mutuelle
en se reconnaissant à la lueur du feu !

### RODERIC.

Te voilà donc , arrogant chevalier, qui as osé me défier...
je pourrais d'un seul mot te faire périr sous mille coups...
mais c'est en chevalier courtois que je veux te faire mordre
la poussière ( *d'un air triomphant.* ) Je vais donc à com-
plir l'oracle , la victoire est au parti qui le premier fera
couler le sang de son ennemi

### LE CHEVALIER.

Roderic , l'oracle est accompli... de ton infâme Mur-
doc mon bras a puni la trahison... ranime ce feu , et que
sa flamme dirige plus surement nos glaives.

### ( *Combat.* )

Les deux chevaliers se précipitent avec fureur
l'un sur l'autre. Après une lutte terrible. Roderic
est blessé. Le Chevalier parvient encore à faire
sauter l'épée de son adversaire en lui portant de
nouveaux coups. Roderic tombe.

### LE CHEVALIER.

Rends-toi , Roderic , ou mon bras va t'arracher la vie.

A ces mots, Roderic se relève, se jette sur le
Chevalier, l'entrelace d'un bras nerveux, et veut
le frapper de son poignard. Snowdoun se déba-
rasse et le perce de son épée. Roderic tombe
expirant.

## SCENE IV.

Aussitôt un cliquetis d'armes se fait entendre
de tout côtés. Le lac se couvre de barques des
deux partis. Le combat devient général sur le lac
et dans la forêt. Les montagnards tombent sous
les coups de leurs ennemis Les soldats de Roderic
en désordre demandent leur chef; ils entrent dans
sa cellule.

Snowdoun, qui s'est jeté dans la mêlée, reparait à la tête des siens et s'écrie :

Vous cherchez votre chef, (*en montrant Roderic étendu par terre.*) le voilà.

Les montagnards, à cette vue, restent consternées.

SNOWDOUN.

Rendez-vous, votre roi vous fera grace.

Les montagnards mettent bas les armes.

Snowdoun ordonne que l'on porte des secours à Roderic, mais il est trop tard ; la mort a frappé ce chevalier traître à son roi.

Snowdoun se remet à la tête des siens, et abandonne le lieu du carnage.

Les montagnards placent le corps de leur chef sur un brancard et s'éloignent dans la plus grande consternation, par la route opposée.

*Changement.*

*Le théâtre réprésente un avant-porte près de Stirling. On apperçoit un corps-de-garde et une barrière fermée.*

Une sentinelle se promène.

## SCENE V.

Lewis, commandant du poste, sort du corps-de-garde avec un autre officier et lui recommande la plus grande surveillance pendant son absence. Il a des papiers importans qu'il va porter a Stirling. Il sort.

## SCENE VI.

Deux soldats arrivent : ils apportent les rations à leurs camarades ; ils sont ivres. L'officier les

reçoit avec colère et menace de les faire punir.
Les deux soldats se tiennent de leur mieux et dé-
posent les provisions que leurs camarades viennent prendre.

L'oficier rentre en les menaçant encore. A
peine est-il sorti, que les deux soldats se moquent
de lui. L'un deux tire de sa poche une gourde,
ils boivent ironiquement à la santé de leur chef.
Tous deux finissent par s'énivrir tout-à-fait : à
peine peuven-ils se soutenir.

## SCENE VII.

Hélène et le bon Alan paraissent guidés par
Bertrant, vieux et respectable guerrier. Il va pour
passer à la barrière ; la sentinelle l'arrête. Il faut
avoir la permission du commandant du poste.
Bertrant entre au corps-de-garde pour la demander.

Les deux soldats ivres remarquent Hélène et
s'en approchent. Celle-ci recule effrayée. Alan se
met au-devant d'elle. Les deux soldats le repous-
sent avec violence. Alan tire son poignard et les
menace s'ils osent avancer Les soldats tirent leur
sabre et veulent de force parvenir jusqu'à Hélène :
Ils terrassent facilement le vieil Alan. Hélène crie
au secóurs. Bertrant paraît, et court sur les deux
misérables qu'il renverse.

Au même instant arrive Lewis. Témoin de la
brutalité des deux sol lats, il ordonne qu'ils soient
punis : mais Hélène demande leur grace. Ensuite
elle dit à Lewis :

Chevalier j'ai bravé tous les périls pour arriter jusqu'ici ;
je viens auprès du roi solliciter la grace de mon père.

Lewis admire ce noble dessein ; mais il craint qu'il n'ait pas un succès favorable.

Hélène s'abandonne à sa douleur : tout-à-coup elle se rappelle son anneau, le montre à Lewis qui, aussitôt, la salue avec respect et ordonne à quelques soldats de prendre les armes pour accompagner Hélène et Alan jusqu'aux portes de Stirling.

Hélène offre sa bourse au vieux Bertrant qui la refuse. Sa récompense est dans son cœur.
Elle prie l'officier de partager sa bourse entre les autres soldats.

Lewis présente la main à Hélène, et la conduit à Stirling.

Le reste de la troupe rentre dans le corps-de-garde.

*Le t'éâtre change et représente un parc ; dans le f nd, des galleries conduisant au palais ; de chaque côté divers monumens.*

## SCENE VIII.

Des factionnaires sont placés aux différentes avenues.

Les pairs d'Ecosse et les seigneurs de la cour paraissent ; ils se rendent au conseil pour juger Douglas ; ils sont précédés par un détachement de la garde royale.

## SCENE IX.

Hélène arrive, conduite par le chevalier Lewis.

La vue du palais la rend timide; elle parait embarassée pour se présenter devant le roi. Lewis cherche à la rassurer.

## SCENE X.

Un officier du palais arrive; en voyant Lewis, il lui dit que les pairs sont assemblés.

Lewis est consterné. L'officier regarde avec admiration la belle étrangère, et félicite son ami sur sa nouvelle conquête.

Lewis dit à Hélène qu'il va lui-même s'informer si le roi est de retour.

Hélène lui témoigne la peine que lui fait son éloignement.

## SCENE XI.

Des gardes s'avancent; Lewis regarde, qu'apperçoit-il? Douglas, que l'on conduit au conseil; il s'empresse d'éloigner Hélène pour lui éviter ce triste spectacle. Mais il n'est plus temps, elle a reconnu son père et vole dans ses bras. L'officier qui commande veut l'arrêter; mais Lewis lui fait entendre qu'il doit avoir pour elle le plus grand respect.

Douglas, en voyant sa fille, est au comble de la surprise, et lui dit :

Ma fille, quel motif vous amène en ces lieux ?.. est-ce ainsi que vous respectez les ordres que je vous ai transmis par mon fidèle Alan ?

Hélène ne répond que par sa douleur, Douglas continue :

Mon Helène, je vais confier ma vie et mon honneur, aux loix de mon pays... quand même elles devraient frapper un innocent , je vous défends de rien entreprendre qui puisse compromettre le nom de Douglas.

A ces mots, Hélène oublie tout. Des torrens de larmes inondent ses yeux.

On veut entraîner Douglas, elle se précipite dans ses bras, et s'évanouit.

Le malheureux père la dépose sur un banc ; la recommande au généreux Lewis, et sort accompagné des gardes.

Lewis, par ses soins obligeans , parvient à ranimer les esprits d'Helène.


# SCENE XII.


La trompette sonne au dehors ; un détachement de la garde royale arrive. Le chevalier Snowdoun et deux officiers sont à sa tête.

Hélène l'apercevant , court à lui et se jette à ses pieds.

A la vue d'Hélène, le chevalier fait un signe, tout le monde s'éloigne.

HELENE.

Chevalier , c'est le ciel qui vous envoye pour sauver mon père... hatez-vous... vous connaissez la haine du roi, contre la famille Douglas... deja les pairs sont assembles pour juger mon infortune père.

#### LE CHEVALIER.

Rassurez-vous , belle Hélène... avez-vous oublier l'anneau que je vous ai confié ! en le présentent au roi , il n'a rien à vous refuser.

Hélène reprend courage. Le chevalier lui dit qu'il va se rendre auprès du roi et en obtenir audience pour elle.

Il jette sur Hélène un regard plein d'amour, et sort suivi des gardes.

## SCENE XIV.

Alan paraît, et malgré les sentinelles, il parvient jusqu'à sa maîtresse.

Alan a tout appris ; il rappelle à Hélène son précieux anneau , et veut l'entraîner au palais.

Un grand bruit se fait entendre et suspend leur course.

La crainte, l'espérance , mille sentimens opposés remplissent le cœur d'Hélène.

Les pairs paraissent ; au milieu d'eux est Douglas revêtu de toutes les marques de ses dignités.

Il aperçoit sa fille, court à elle et s'écrie :

Ma fille , les pairs ont reconnu mon innocence , et le roi m'a rendu justice.

## SCENE XV.

Au même instant des hérauts d'armes annoncent le roi : Douglas et sa fille se jettent à ses pieds.

Le roi les relève avec bonté ; mais quelle est la surprise d'Hélène, en reconnaissant le chevalier Suowdoun dans la personne du roi.

LE ROI:

Oui, belle Hélène, c'est le roi qui veut acquitter envers la *Dame du Lac* les dettes du chevalier Suowdoun, en vous donnant son cœur et sa couronne.

( *Tableau final* )

9 782329 651576